UNION HELLÉNO-LATINE

F. CAVALLOTTI

A

LA FRANCE

TRADUCTION DE E. Sᵗ-B.-MUSSET

RÉPONSE DU SÉNATEUR L. TRARIEUX

ANCIEN BATONNIER DU BARREAU DE BORDEAUX

PARIS
IMPRIMERIE ET LIBRAIRIE CENTRALES DES CHEMINS DE FER
IMPRIMERIE CHAIX
SOCIÉTÉ ANONYME AU CAPITAL DE CINQ MILLIONS
Rue Bergère, 20
1890

F. CAVALLOTTI

A

LA FRANCE

TRADUCTION DE E. St-B.-MUSSET

RÉPONSE DU SÉNATEUR L. TRARIEUX

ANCIEN BATONNIER DU BARREAU DE BORDEAUX

PARIS

IMPRIMERIE ET LIBRAIRIE CENTRALES DES CHEMINS DE FER

IMPRIMERIE CHAIX

SOCIÉTÉ ANONYME AU CAPITAL DE CINQ MILLIONS

Rue Bergère, 20

1890

Je dédie cette brochure à

MARCO ANTONIO CANINI

J'écrivais, dans l'*Époque* du 7 août dernier, les lignes qui suivent :

« M. A. Canini est à Paris. Je l'ai rencontré au domicile de mon ami Raqueni, rédacteur en chef de l'*Époque*, dans cette maison où l'on se souvient des pures traditions de l'Italie et que visitent, à leur passage à Paris, les Italiens qui les représentent le mieux.

» Canini est un savant linguiste prodigieux. On dit, en le calomniant, que le juif amasse et concentre l'or partout où il passe ; on peut dire avec vérité que, quant aux langues, Canini est ce juif lui-même. Il a recueilli dans sa mémoire et enregistré les langues et dialectes des cent pays divers où il a vécu. Il est une encyclopédie vivante, le Pic de la Mirandole de la langue humaine. Il est étymologiste et il a écrit de savants ouvrages de philologie comparée.

» Mais les mots, leurs mutations et origines, sable qui a servi à tant de constructions, n'ont pas rempli sa vie. Les mœurs, l'histoire et surtout la politique, principalement en Asie Mineure et, plus spécialement encore, chez tous les peuples compris entre la mer Noire et l'Adriatique, sont familières à cet Italien ; et ce n'est pas en curieux et en contemplateur qu'il s'en est occupé. Pendant de longues années et parmi des épreuves auxquelles pouvait se résigner seulement un homme de ce courage et de ce désintéressement, il a poursuivi, prenant pour bases l'union et l'arbitrage de l'Italie et de la France, la libération et la grandeur italienne par la libération et la confédération des peuples soumis à l'Autriche et à la Turquie.

» L'ignorance et l'égoïsme des hommes devaient rester fermés et faire obstacle à la pensée ardente et clairvoyante et aux mille démarches de Canini; et c'est en vain qu'il a porté son apostolat de la raison et du patriotisme sous les huttes comme dans les palais royaux; au milieu des foules, sur la place publique, comme à l'oreille d'hommes tels que Cavour, Victor Emmanuel, Kossuth, Garibaldi, Canaris; ces deux derniers, hommes du peuple et matelots, dont la terre a retenti autant que de Pierre l'Ermite, de Louis XIV, de Voltaire, et qui embrasèrent le monde des âmes et des patries comme d'un trop plein accumulé en eux par la tempête.

» Aujourd'hui l'Italie est indépendante; mais la voie qu'elle a suivie pour acquérir et sauvegarder cette indépendance a-t-elle été la meilleure? La torsion de cœur que son gouvernement lui a infligée, en défiance et en anathème de la France, profitera-t-elle à sa grandeur et à sa postérité?

» Les peuples des Balkans n'ont encore ni la liberté ni la force et ne sont-ils pas toujours une proie que dévorent ou que guettent les grands despotismes? Où est ce boulevard, dessiné par Canini, approuvé par Kossuth, de démocraties confédérées et redoutables qui devait couvrir le monde helleno-latin?

» Canini est aujourd'hui découragé. Il s'ennuie à Venise qu'il habite. La triple alliance et les nécessités défensives qui ont fait la France se replier sur elle-même, la discorde européenne, qu'ont semée, en 1870, les médiocres et imprévoyants, les pervers des deux côtés du Rhin, ont ajourné, peut-être fait crouler ses plans.

» Et moi, ce n'est pas sur Napoléon à Sainte-Hélène, comme Manzoni, ou sur Charles X à Prague, comme Chateaubriand, ou sur Othon mort, comme Paraschos, que j'épanche ma mélancolie; elle déborde — je ne pense pas ici à l'Alsace-Lorraine, sur lesquelles le sénateur Trarieux a, à la conférence internationale de Londres, non repoussé une transaction qui, réintégrant nos terres dans le droit imprescriptible de la Révolution française, conserverait leur sang à des enfants qui resteront éternellement les nôtres — ma tristesse, dis-je, comme devant une plaine en cendres, déborde sur le désenchantement, le rocher sanglant, sur la douleur de ces grands esprits généreux qui se sont dévoués à nous, qui édifiaient sur la hauteur et qu'ont lassés et précipités nos sottises, nos vanités, nos jalousies et notre avarice.

» Canini est découragé ; mais après l'honneur de tant d'efforts et de grands travaux accomplis ; après une moisson de découvertes et de vues, et un exemple dont l'avenir bénéficiera ; après des œuvres littéraires de poète noblement inspiré, de savant divinateur et de publiciste qui a tant prévu ; après des audaces et des risques à travers les solitudes, les forêts, les fleuves, les défilés traîtres ; à travers les embûches, les barbaries, les polices.

» Il est découragé, mais sans atrophie de la fidélité à soi-même, à nos patries, à la science, à l'esprit, et sans avoir cessé d'être soulevé par ces eaux qui, en certains lits, ne tarissent jamais : la foi patriotique et humanitaire et le don de poésie. Lisez ses beaux vers au Portugal qu'a menacé l'Angleterre. »

M. Canini a publié, en brochure, en 1883, à Venise, une savante conférence, l'*Unione elleno-latina*.

Dans des récits d'un grand intérêt historique, *Vingt ans d'exil*, M. A. Canini a écrit cette phrase : « *J'ai en horreur les hommes qui se font les corrupteurs du peuple, soit qu'ils portent le diadème royal, ou les insignes sacerdotaux, ou le bonnet phrygien.* »

Je dédie à **M. A.** Canini cette brochure, que recommandent ces deux noms, Cavallotti et Trarieux, égaux d'honneur, de talent et de confiance publique, et dont l'un est aussi incapable de tromper la France que l'autre de tromper l'Italie.

E. St-B. Musset.

F. CAVALLOTTI

J'écrivais, le 28 août dernier, dans le même journal :

« J'ai lu, dans le *Matin*, l'ARRIVÉE IMPRÉVUE et PRÉCIPITÉE à Rome du député Cavallotti pour prendre part à la lutte électorale qui a tant occupé et Rome et Paris ; j'y ai lu ses paroles d'homme d'État patriote au correspondant de ce journal, ses sympathies à la France, fidèlement rapportées dans leur sens général par l'honnête écrivain ; enfin, j'ai lu la lettre de Cavallotti au *Secolo*, écrite comme écrivait Beethoven, sur le trépied.

» Cette arrivée imprévue et précipitée à Rome de Cavallotti m'a rappelé son arrivée à Naples, à l'époque du terrible choléra. L'éloquent et intrépide Cavallotti accourt en chevalier et toujours il va combattre, de son cœur ou de sa parole, là où, en Italie, la conscience sonne son clairon et commande le devoir. Quel ne fut pas son dévouement dans la ville en deuil ! Ce libre philosophe, ce maître en la cadence, ce rythmeur en poésie heureuse, comme l'abeille nourri de fleurs et de lumière, il fut un héros à Naples, résolu au sacrifice comme Decius. Représentez-vous cet esprit, l'un des plus spirituels de ce temps, qui a les lettres fines comme les premières perles du jour, dans la mansarde infecte, dans la cave noire, en famille avec les rats et les cloportes, servante chez le peuple le plus malpropre, le plus misérable, le plus éprouvé, enfoncé dans le cloaque, dans le plus épouvantable charnier !

» Ce même homme est arrivé à Rome pour lutter, avec quelle foi et quelle ardeur! à côté de son ami Imbriani, un Achille de la parole, quand il n'en est pas un adorable charmeur, que j'ai connu en 1889, apportant une grandeur à la grandeur parisienne, animant, secouant de son verbe vibrant tout notre Hôtel de ville, l'éclairant comme d'un autre renouveau de l'année 1789, Cavallotti, dis-je, est venu à Rome pour utter, à côté d'Imbriani, du grand sculpteur Ferrari, du savant Bovio, de tant d'autres de son même cœur, contre un autre fléau, l'ennemi, plus abhorré encore, de la patrie italienne. Il s'agissait de combattre la main de fer toujours tendue sur les Alpes Juliennes, toujours pesante sur la poitrine italienne et d'arracher enfin la noble nation, noble parce qu'elle est fille de la liberté, à son adultère avec des gouvernements des xvie et xviie siècles, conquérants de provinces, et avec les anciens bourreaux.

» Cavallotti s'est plaint, tant dans sa conversation avec le correspondant du *Matin* que dans sa lettre au *Secolo*, de la presse française. Il n'y a pas, en France, un journal, un seul, organe de notre démocratie, qui ne soit ami de l'Italie. 1859 appartient à l'Italie et à la démocratie française : il appartient aussi à Napoléon III, mais comme expédient, comme condiment de prestige impérial et d'autocratisme, comme sonde d'exploration dans un pays qu'exploitèrent tant d'aventuriers ; il lui appartient encore comme l'eau à la souillure, comme la communion au sacrilège. Notre démocratie, que préparait depuis tant d'années la Révolution française, se dévoua seule, en Lombardie, à la liberté italienne, elle est toujours présente, elle fleurit, et ses journaux sont restés fidèles; mais l'histoire montrera un jour que le César, flatté et glorifié par vos rétrogrades, coulé en bronze, fut en Italie, en 1859, surtout une embûche, comme il l'était pour nous, comme le sont pour vous encore les Césars de Vienne et de Berlin.

» Déjà, en 1860, Edgard Quinet écrivait aux Italiens : « Ne » prenez pas votre destructeur pour votre sauveur ».

» Je transcris ici ces lignes d'une lettre, 22 janvier 1873, d'Edgar Quinet à Garibaldi :

« La France, cher Garibaldi, n'est pas une coterie d'aveugles » qui se ruent dans l'esclavage pour y entraîner le monde. » Cette coterie-là vous hait; mais elle nous hait davantage. » Notre République, c'est la France vivante, le reste est le » cadavre jésuitique ». Ajoutons à ce reste les journaux d'affaires, oiseaux de rapine. J'ai dégoût de noter certaines correspondances italiennes expédiées, à 4 fr. 50, l'une, de Paris ou de Londres, au prix où des misérables des Abruzzes expédient des enfants au dehors.

» Interpréterai-je ici la lettre de Cavallotti au *Secolo?* Je préfère la traduire. Le devoir l'exige.

» Cher et grand Cavallotti, votre frère nous donna sa vie dans la mémorable campagne de Dijon. Cet enfant d'une mère italienne périt sous la faux prussienne. Nous, Français, nous retrouvons et honorons son sang héroïque dans l'âme de Cavallotti, orateur et écrivain. Rien de vous ne nous parvient qu'à travers ce souvenir funèbre. Votre lettre au *Secolo* est une lettre à la France, et elle a été écrite sur la pierre tombale d'un frère qui fut notre frère d'armes sur notre propre territoire. Elle est vénérable. La traduire, c'est prier, c'est remplir un pieux devoir et, de plus, c'est transmettre un avis bien utile à l'opinion publique française.

» Italiens, Espagnols, Grecs et Roumains nous reprochent à nous, les Francs, de trop nous admirer nous-mêmes, de nous prendre pour des quantités stellaires, pour des êtres surnaturels. Quels sont donc les dieux parmi nous que nos plaines helleno-latines humilient et qui, vivant sur les cimes, respireraient un autre air que les mortels d'au delà les Alpes, d'au delà les Pyrénées, dont la renommée nous occupe? »

---

*

LETTRE DE M. F. CAVALLOTTI

A M. E. SONZOGNO

Dagnente, le 18 août 1890.

Honorable Directeur du « Secolo »,

Ma parole, soit privée, soit publique, est toujours trop sin-
cère et il est trop dans mes habitudes de revendiquer la pleine
responsabilité de ce que je pense et de ce que je dis, pour que
je ne réclame pas aussi le droit de ne répondre que de mes
paroles et de mes idées.

Je lis, dans le *Matin* du 14 août, la relation d'un colloque, à
Rome, entre le correspondant de ce journal et moi-même; je la
rectifie.

Je ne mets pas en doute la parfaite bonne foi de M. Magne,
dont j'ai apprécié et estimé le caractère et l'esprit dans mes
quelques rapports cordiaux avec lui.

Mais il est certain que ma conversation, en partie française,
en partie italienne, avec M. Magne, ou n'a pas été toute entendue
ou, dans sa filière jusqu'au *Matin*, a reçu une transformation
qui me la rend en plusieurs parties méconnaissable.

Ceux qui connaissent mes opinions, cent fois exprimées
dans la Presse ou dans des discours publics, sur les questions
ardentes du jour, ont aisément distingué, dans la relation du
Matin, la partie qui m'est propre, mes paroles à M. Magne
n'ayant été qu'une redite de mes paroles publiques souvent
répétées.

Quant à ceux qui me connaissent moins, je me limiterai à marquer avec précision certaines choses que j'ai dites et d'autres dont je n'ai pas parlé, sans me soumettre à l'ennui de reproduire tout un entretien amical qui a duré plus d'une heure, négligeant de m'arrêter, soit sur ce qui a été rapporté exactement, soit sur des inexactitudes évidentes : il est clair, en effet, que je ne puis avoir dit que la Chambre actuelle est la première, sortie du scrutin de liste, que j'eus, dans les collèges de Florence, 7,000 votes au lieu de 3,600, etc.

Il est vrai que je répétai à l'honorable M. Magne ce que j'avais déjà dit, maintes fois, en toute franchise, à Rome, à nombre de distingués journalistes français, sans autre autorité que celle qu'imprimaient à ma parole mon affection non dou‑ teuse à la France et mon dévoûment à la cause de la fraternité entre les deux peuples; je lui répétai, dis-je, que la démocratie italienne, reconnaissante à tant de nobles cœurs français qui ont pour l'Italie des sympathies qui ne se sont jamais démenties, ne peut que déplorer certaines dissonances et désirer d'être plus efficacement, et aujourd'hui plus que jamais, secondée dans ses efforts pour rétablir l'harmonie cordiale entre les deux nations.

Je fis observer à M. Magne que nos efforts, par l'autorité de l'opinion publique, avaient réussi en partie à s'imposer au gouvernement italien et l'avaient contraint à une évolution dans la politique extérieure; mais que, la triple alliance avançant vers son échéance, allait s'ouvrir une phase aiguë dans laquelle il conviendra de redoubler notre vigilance et de mettre en une action, qui double ne pourra être excessive, les passions fraternisantes des cœurs patriotes et clairvoyants des deux démocraties d'en deçà et d'au delà les Alpes.

Et j'ajoutai que la démocratie française, que la France, quels que soient son ressentiment et sa douleur pour la présence du gouvernement italien dans la triple alliance et pour les voyages de majesté vaniteuse à Friedrichsruhe, aurait grand tort de continuer à confondre la politique de notre gouvernement avec les sentiments de la nation italienne et de croire, jugeant d'après la majorité servile de la Chambre, que la majorité du pays prenne parti pour la triple alliance et son ministre en Italie.

J'ai également affirmé dans cet entretien que la France s'égarerait si elle totalisait notre démocratie dans le pays par le chiffre de quarante voix qui la représentent dans le Parlement. La démocratie italienne, résolue à s'entendre avec la France sur des bases d'un accord équitable, est considérable. Mille signes, fournis par nos élections partielles politiques, par nos élections administratives, par l'étude attentive de notre système électoral prouvent manifestement que la démocratie chez nous est réellement la majorité du pays, et que lui sont unies tant les multitudes que l'élite représentant vraiment la pensée et le patriotisme. Tel est *il presente et il futuro prossimo* avec lesquels, dès maintenant, la France doit s'habituer à compter. Qu'elle vienne à nous sans réserve et avec une entière cordialité.

Je démontrai à mon interlocuteur comment le scrutin de liste, introduit dextrement par Depretis comme *correctif* de l'extension du suffrage, avait contribué à créer une fausse idée des vraies forces démocratiques en Italie. Le scrutin de liste bouleversa toutes nos vieilles organisations électorales démocratiques et, d'un autre côté, il mit au service du gouvernement, dans chacune de nos provinces, même là où antérieurement toutes armes électorales lui faisaient défaut, les organisations administratives, militaires, judiciaires, financières, scolaires. Qu'advint-il? à la première épreuve du scrutin de liste, la démocratie, tout en obtenant, du premier coup, dans le suffrage élargi, plus d'un cinquième des voix, correspondant à une centaine de députés, n'en envoya à la Chambre qu'une cinquantaine qui, en chemin, se réduisit encore. D'un cinquième des votes généraux du pays qui jamais ne fit défaut à la démocratie (et alors n'existaient pas les très graves causes qui depuis l'ont rapidement renforcée) nous avons paru réduits dans la Chambre à un onzième.

J'expliquai à mon interlocuteur ce phénomène par mon cas personnel, très clair et caractéristique. Honoré de 30,000 suffrages simultanés, reçus de divers collèges électoraux, je restai hors d'une Chambre où étaient entrés avec moins de 2,000 voix des députés et des ministres. Mes 30,000 voix représentaient, dans le système uninominal, cinq sièges de députés élus. Combien, pour d'autres candidats, de milliers de suffrages, dans de nombreux collèges, étouffés par le scrutin de liste !

Mais *les bâts s'ajustent en chemin*, dis-je à M. Magne, et le scrutin de liste, quoiqu'il reste un avantage pour le gouvernement, qui pour rien ne lâchera sa corde, — le scrutin uninominal est l'un des postulats de notre conscience publique, — va perdant de sa nocuité par le grossissement de la marée populaire et la formation successive de l'organisation démocratique provinciale.

Un vrai signe du temps est dans nos élections partielles depuis deux ans, qui, malgré les efforts concentrés du gouvernement, ont donné presque toutes, et quelles élections ! des députés d'extrême gauche : Vendemini, Filopanti, Lagasi, Garavetti, Musini, Sanguinetti, Imbriani, Costa. L'élection récente de Rome, où à si grand'peine le gouvernement a pu vaincre, dépensant des sommes énormes, poussant à l'urne ses légions d'employés des dix ministères et de la maison royale, a manifesté avec éclat notre esprit nouveau.

Aujourd'hui que les folies du gouvernement, qui ruine le pays et offense la misère publique, que ses brutalités policières à la liberté et à l'amour-propre national et les turpitudes d'un affairisme triomphant ont lassé jusqu'à l'extrême la patience du pays ; aujourd'hui que la démocratie a assoupi la plupart de ses dissentiments intérieurs et posé les bases d'un programme unique et concret, d'une action organisée, aujourd'hui la fortune des urnes, l'élection d'une Chambre libérant l'Italie d'un gouvernement sans foi, devenu un danger public et une criante aventure, dépendent de la démocratie italienne, de sa concorde et du bon sens, à l'étranger, pour aider à son œuvre qui est de créer à l'Italie une situation extérieure nouvelle.

Puisque la démocratie, dont le contingent dans l'opposition sera le ·plus fort et qui n'a, elle s'en vante, aucun intérêt d'ambition, donnera la main à combien de membres honnêtes des autres partis, libéraux et nationaux, s'unissant à elle dans la campagne libératrice, il est clair que le gouvernement, pour triompher dans la prochaine lutte électorale, aurait besoin d'une majorité dont il ne peut pas concevoir même l'espérance et telle qu'elle pût retenir ces *rats qui fuient le navire quand il fait eau.* Il y a toujours dans une Chambre une centaine, au moins, de députés — *corps volant* — qui dépendent du vent, abandonnent le gouvernement avant la tempête, au premier souffle, à la première éraflure sur le mur.

Ces choses et d'autres encore, je les dis à l'honorable correspondant pour lui démontrer que tous en Italie, en ce moment, savent et voient que notre démocratie est aujourd'hui une *force vraie* et imposante à laquelle la France *può fare cordialmente a fidanza*, et que, quand M. Crispi déclare dans le Parlement avec sa fatuité caractéristique que *i radicali son pochi*, il trompe, non pas le pays, mais la dynastie. Il y a l'aveu précieux d'un journal modéré sonnant l'alarme : « Affirmer, écrit-il, que les radicaux sont un petit nombre et de peu d'importance, est une erreur puérile qui rappelle celle des tyranneaux d'Italie, qualifiant de rares factieux la foule des adeptes de notre idée nationale ». Que reste-t-il de cette engeance oppressive !

Le parti radical, disons mieux, la démocratie, ce même journal modéré le confesse, *peut aujourd'hui déployer sa bannière en toute grande cité;* et les urnes de la Pouille, de la Romagne et de la Polésine ont montré si elle le peut aussi dans les campagnes ! La conscience, répandue dans le pays, de sa vraie force, elle se révèle dans le nombre croissant des adhésions qui lui viennent; — des hommes importants des autres partis nationaux nous demandent de s'approprier notre programme et de combattre sous notre drapeau; — elle se révèle dans l'attache fébrile et convulsive de Crispi qui a peur, à la présente Chambre moribonde, dans son ingéniation par tous moyens de lui insuffler une haleine artificielle, de prolonger sa misérable existence.

Crispi *sait, il voit et il sent*, en effet, que toute sa prétendue force, elle n'est plus dans ce pays, elle est *seulement* là, au-dedans de cette Chambre; sa prétendue force, elle n'est que dans cette majorité à genoux, dont il a hérité de Depretis, envers la mémoire de qui il s'acquitte d'une basse monnaie d'ingrat; il sait, il voit et il sent qu'une majorité semblable, une Chambre de cet acabit, destinée à passer en proverbe, s'évaporera à jamais, *per fortuna del paese*.

Tout cela, je l'ai démontré à mon interlocuteur français, afin, je le répète, qu'il persuadât ses amis d'au delà les Alpes que la France, je nomme sa démocratie, sa Presse, aurait grand tort, dans ses rapports avec l'Italie, de se laisser encore influencer par ses ressentiments et ses rancunes contre Crispi crépusculaire, *che tramonta*, au lieu de tourner ses regards confiants vers le soleil levant de notre démocratie, *che arriva*. Certainement, si François Crispi, qui a égrené toutes les illusions, même les plus obstinées, n'ai-je pas appartenu moi-même à son cortège de confiants? était capable d'immoler son ambition au sentiment de l'abnégation patriotique, il comprendrait que, aujourd'hui, dans nos relations du dehors, sa présence au gouvernement nuit à l'Italie. La politique nouvelle que la force des chose lui a imposée est démentie par trop de précédents pour qu'il attire la confiance. Crispi, n'étant pas cru et ne pouvant l'être, il recueille, non pas tous les avantages, mais tous les ridicules de sa politique.

Un ministre qui ne serait pas allé par folle gloriole à Fried-richsruhe, qui n'aurait pas associé en courtisan son nom et celui de l'Italie aux noms de la réaction européenne dans cette mesquine guerre contre la fête française du travail et de la paix, n'aurait pas eu besoin d'envoyer la flotte à Toulon; et cet acte courtois qui, accompli par un ministre autre que le Crispi de la triple alliance, aurait soulevé en France, nous connaissons ce noble pays, une explosion de sympathie et d'affection pour l'Italie et décidé de la reprise de nos rapports commerciaux, eh bien! cet acte, sous le nom de Crispi, n'a paru qu'une amende honorable mortifiante, *e lascio il tempo che trovo*.

Mais demander à Crîspi de l'abnégation serait inutile et ingénu. Il ne reste à la France, comme à l'Italie, que d'attendre avec confiance les prochains événements qui la lui imposeront. Quant à présent et jusqu'au jour libérateur, il convient de penser un peu moins à Crispi et un peu plus aux sentiments et aux intérêts qui unissent les deux démocraties et doivent rétablir l'harmonie entre les deux peuples. Car, dis-je encore à mon interlocuteur, il est évident que, si l'Italie rejette la *triplice* qui lui a coûté trop cher, elle n'entend pas rester isolée.

Et si l'inévitable prochain retour des libéraux au pouvoir en Angleterre, de Gladstone à la trempe d'acier, qui a été le juge le plus sévère et le plus désintéressé des alliances Crispines, avertit l'Italie de suivre une politique, non d'alliances pleines d'embarras, mais d'alliances fécondes, la *direction antique et naturelle vers l'Occident*, il est naturel que l'Italie désire, pour l'époque de l'échéance de la triple alliance, dont elle a *dégoût*, de n'avoir pas de préoccupations du côté de l'occident, sur sa frontière franco-italienne.

La démocratie n'a pas cette ingénuité, que lui reprochent les journaux de Crispi, de faire de la politique à cheval sur les nues. Elle laisse cette politique à Crispi, qui en 1863, voulait qu'on fît la guerre à l'Autriche et à la Russie et pour nos provinces non affranchies et pour la Pologne, elle lui laisse à lui-même la politique de fantaisie qui se solde en un épuisement du sang italien; et, se préoccupant de rompre des liens internationaux odieux, elle pense à s'assurer, simultanément et préalablement, une position internationale tranquille, qui lui garantisse vraiment et avec moins de dépenses la paix et rouvre à son commerce ses débouchés naturels.

Pour cela, elle désire que la France s'habitue à compter avec confiance sur elle; et elle le désire au nom des efforts qu'elle a toujours faits, non inutilement jusqu'ici, et au nom des intérêts qui des deux côtés se font sentir.

Et parce que l'intérêt est réciproque, comme doivent être réciproques entre nos deux nations l'amour et le respect, ce n'est pas de ma bouche que peuvent sortir des paroles qui imprimeraient au retour complet des relations intimes entre elles un caractère blessant pour l'amour-propre italien. Je ne parlai donc pas à mon interlocuteur de divisions entre nos partis; je ne parlai pas même de république ni de sentiments républicains, ni de Milan ou autre ville, de rien autre pareil; n'aurais-je pas rapetissé la question et réduit l'importance du mouvement national qui aujourd'hui réunit contre le gouvernement *il buono e i! meglio* de la nation, et dans le moment où la démocratie fait acte de concorde et tend la main à tous ceux qui sentent la réalité des problèmes sociaux du jour et pensent les résoudre, non pas avec des formules préconçues, mais avec la volonté pratique et résolue du bien? et je ne parlai pas non plus de guerre civile, puisque j'exclus la possibilité d'une guerre en Europe avant 1892, et qu'il faut toute l'hypocrisie des peurs intéressées pour perpétuer la charge du demi-milliard militaire; mais j'ai imprimé, l'an passé, à lettres d'enseigne. et malgré la crucification dont on me supplicia, je redis, aujourd'hui et dans cette lettre même, que dans une guerre juste, pour sa défense et son honneur, l'Italie se lèverait, unie et unanime, contre quiconque, et que dans une provocation injuste et gratuite à la France, *per solo commodo della triplice*, l'Italie ne suivrait pas son gouvernement et l'entraverait avec des cadavres italiens.

Mais je pense que le roi Humbert, malgré ses déplorables

Conseillers, connaît l'âme du peuple italien. Quant à la guerre civile, il ne la voudra jamais ; — mais ce n'est pas avec des étrangers — même amis, que je discourrai là-dessus ou que je discuterai l'état de nos forces militaires. La phrase ; *Italie militaire est prête ou n'est pas prête* ne m'appartient pas dans la correspondance et chacun le comprend.

A moi il suffisait de faire entendre à la France par l'entremise d'une voix amie, que l'heure est venue pour elle de ne plus s'enflammer au sujet de Crispi ; mais de voir derrière cet homme l'Italie vraie, la maîtresse de demain, l'Italie vraie, sympathique à la France, qui se souvient de Magenta et de Solferino et qui ne désire que d'être cordialement secondée par elle, afin que la nouvelle année salue les deux peuples latins, la main dans la main, la paix mieux garantie et la situation politique européenne complètement et en mieux transformée.

LETTRE DE M. L. TRARIEUX

A M. F. CAVALLOTTI

MEMBRE DE LA CHAMBRE DES DÉPUTÉS (ITALIE)

———

Vichy, 11 septembre 1890.

MONSIEUR,

L'excellent traducteur, qui m'a permis la lecture de votre lettre, du 18 août dernier, à M. Sonzogno, me fait l'honneur de me demander quelles réflexions elle m'a inspirées, et je ne vois rien de mieux pour le renseigner que de me permettre avec vous un échange de pensées.

Tous ceux qui, à votre exemple, s'efforcent de chasser les nuages qui se sont amoncelés, depuis quelques années, entre nos deux pays, ont bien mérité de la France et de l'Italie. La solidarité des nations latines n'est pas un vain mot : l'équilibre de l'Europe et la civilisation elle-même se trouveraient gravement menacés le jour où des malentendus funestes seraient parvenus à mettre en lutte ouverte deux nations sorties du même berceau. Vous repoussez énergiquement l'idée de ce déchirement fratricide, et vos éloquentes protestations trouvent, en franchissant les monts, un écho profond dans notre patriotisme.

Dès 1867, lorsque votre gouvernement refusa de figurer à cette Exposition universelle, qui devait, deux ans plus tard, amener le monde entier dans les murs de notre Capitale, votre voix s'éleva contre une politique dont nous avions à nous alarmer. Vous n'avez, depuis lors, manqué aucune occasion d'affirmer que, si vos conseils étaient dédaignés à la *Consulta*, ils exprimaient le sentiment intime de la grande majorité de vos compatriotes. Votre persévérance, et celle des courageux amis, associés à la même œuvre, n'ont pas été peine perdue : vous avez peu à peu réconforté les timides, donné confiance aux sceptiques, ouvert les yeux aux ignorants, et réussi à créer, enfin, un mouvement d'opinion qui commence à nous rassurer sur les plans secrets de la diplomatie.

Vous demandez, aujourd'hui, à notre journalisme français de vous aider dans cette tâche pacificatrice, en l'invitant à une grande prudence. Nous comprenons avec vous, en effet, qu'il serait fâcheux de fournir le moindre prétexte aux artisans de discorde, et ne doutez pas que, plus l'esprit de vos concitoyens saura s'inspirer du vôtre, plus vous nous trouverez disposés à seconder vos efforts.

Permettez-moi, cependant, de vous affirmer bien haut, puisque vous m'en fournissez l'occasion, que, à aucun moment, il n'a existé chez nous contre le peuple italien trace des dispositions hostiles qu'on a bien voulu nous prêter, dans un but que vous avez su démasquer vous-même.

Nous avons, il est vrai, ressenti une déception amère, lorsqu'il nous a été possible de croire que, oublieux du passé, des voisins, pour lesquels nous avons donné notre sang, s'apprêtaient à tourner contre nous la force dont ils nous étaient, pour une si grande part, redevables ; mais, si quelques plaintes ont alors transpiré, n'étaient-elles pas, dans leur principe au moins, légitimes? Je sais bien qu'un de nos poètes a dit, non sans justesse :

Un bienfait reproché tient souvent lieu d'outrage.

Comment, pourtant, ne pas nous rappeler que, avant Villafranca, l'Italie ne comptait dans le concert européen, suivant le mot de **M.** de Metternich, que comme une *expression géo-graphique?* et, par suite, comment nous faire à l'idée que, en préparant son unité et sa grandeur, nous n'aurions fait que travailler contre nous-mêmes?

Ce n'est point là, je pense, un sentiment dont on aurait le droit de s'étonner. Tout au plus, pourrait-on nous reprocher d'avoir trop promptement pris ombrage et de nous être exagéré la signification des faits, cause de notre inquiétude. Il suffirait, en ce cas, de s'expliquer : nous ne demanderions pas mieux que de voir dissiper de fausses apparences, et nous nous empresserions de regretter notre erreur.

Mais, en dehors de l'effet naturel que devait produire sur nous une attitude au moins équivoque, qu'aurions-nous donc machiné ou concerté qui pût servir de thème à ceux qui ont cherché et cherchent, peut-être encore, à nous aliéner la confiance et l'amitié de l'Italie?

Est-ce que sérieusement, par exemple, ainsi que cela s'est dit, on serait fondé à nous attribuer la pensée de vouloir intervenir dans vos affaires intérieures pour vous contester vos conquêtes de 1870? Il faudrait vraiment être très peu au courant de notre politique française pour nous supposer un pareil dessein. Quelques partisans attardés du pouvoir temporel de la Papauté peuvent bien, sans doute, de temps à autre, à la faveur de la liberté dont nous jouissons, former, à ciel ouvert, ce souhait d'une autre époque ; mais pour combien peut compter le rêve d'une minorité minuscule mis en balance avec ce que je puis appeler notre sentiment national? Non! j'ose vous l'affirmer, la France presque tout entière adhère, sans pensée de retour, aux faits accomplis il y a déjà vingt années ; et je me permets d'ajouter que ce n'est pas d'un de nos vaisseaux de guerre que vous verrez descendre des officiers pour aller demander la bénédiction du saint père en oubliant que, à côté du Vatican, s'élève un autre palais qui s'appelle le Quirinal.

Est-ce qu'on pourrait également nous accuser, comme je le

lisais récemment dans un discours prononcé à Lanzo, de vous avoir donné la guerre des tarifs après vous avoir infligé Mentana? Il me semble d'abord très peu juste de réveiller le souvenir d'une aventure qui reste, vous le savez bien, au compte personnel de l'Empire, et qui n'a pu effacer dans vos cœurs les dates éclatantes de Magenta et de Solférino; mais, sans insister sur l'esprit de tendance que trahit une allusion inconsidérée, je tiens surtout à nous défendre contre l'accusation, peut-être encore insuffisamment réfutée, d'avoir jamais eu le parti pris de rompre avec vous nos anciens rapports commerciaux. La vérité est que ce n'est pas la France qui a été la première à dénoncer notre traité de commerce; et si, depuis cette rupture, de nouveaux tarifs n'ont pas encore été votés par notre Parlement, il n'est point exact que vous puissiez voir là un indice de dispositions particulières dont votre pays aurait à prendre offense. Il n'est pas permis d'ignorer que notre régime économique est, en ce moment, l'objet d'une étude d'ensemble à l'égard de l'univers entier, et ce n'est pas ailleurs que dans la solidarité des intérêts multiples ainsi mis en jeu qu'il faut chercher la cause d'une réserve qui n'a, vis-à-vis d'aucun de nos voisins, rien de personnel. Certes, il est permis de critiquer les tendances peut être exagérées de protection nationale qui peuvent se faire jour derrière cette attitude expectante, mais il est plus facile de déplorer que d'empêcher la répercussion forcée des courants généraux qui tendent à modifier l'état du marché dans l'ancien et le nouveau monde. Ce n'est point, du reste, ici, le lieu de débattre une question d'école; notre but est simplement, en constatant que la question de nos sympathies pour l'Italie n'est point en cause dans une situation qui ne peut se fragmenter, d'écarter, de votre part, toute suscepti bilité, et je crois que mon explication s'impose par son évidence. Qu'on cesse donc de nous imputer une guerre systématique de tarifs douaniers qui n'est jamais entrée dans notre pensée, et qu'on se rende compte plutôt que ce n'est pas en nous accablant de soupçons immérités qu'on prépare, pour l'avenir, les solutions souhaitées. On peut beaucoup attendre de notre cordialité naturelle, on n'obtiendrait rien, je le crains, de vagues et vaines menaces.

Voilà bien, n'est-ce pas? tous les griefs imaginaires que certains tacticiens ont mis en usage pour exciter contre la France l'opinion de l'Italie, et si je n'en ai rien laissé subsister, je serais heureux que mon témoignage s'ajoutât à tant d'autres pour vous fortifier dans la noble mission que vous vous êtes donné de les combattre.

Qu'adviendra-t-il, maintenant, de votre vaillante médiation? — Vous avez, sans doute, à compter avec les dessous d'une politique dont nous pouvons craindre encore les engagements irréfléchis; mais, Dieu merci! il n'y a pas que l'intrigue ou le hasard qui conduisent les événements de ce bas monde : la raison doit rester souveraine, lorsqu'elle a su faire entendre sa voix, et confions-nous dans la raison du peuple italien, à laquelle vous n'aurez pas vainement fait appel.

Je me garderais bien, d'ailleurs, de porter un jugement sur la conduite de vos affaires, où je n'ai rien à voir; je ne mettrai point surtout en doute la loyauté des hommes d'État qui dirigent, à cette heure, vos destinées, et sur les intentions desquels je n'ai point à me prononcer; je dirai seulement : La vérité n'est qu'une et la vérité est avec vous; c'est donc là qu'est la force et que doit être l'espérance.

Quant à nous, patriotes français, nous suivons, monsieur, d'un œil attentif et plein de sympathie, les progrès de l'esprit public que vous avez su réveiller, et, quoi qu'il advienne, nous n'oublierons jamais quels amis sûrs nous comptons en Italie. — Je rappelais, tout à l'heure, le nom de batailles mémorables où 50,000 des nôtres ont payé de leur vie votre délivrance; nous nous souvenons aussi de la part généreuse que vous avez spontanément prise à notre défense aux jours les plus tristes de notre histoire, et comment en perdrais-je, pour mon compte, la mémoire, quand c'est au frère d'une des héroïques victimes de notre campagne de l'Est que cette lettre va porter mon nom ?

C'est dans les larmes et le sang que l'amitié de nos deux patries a été scellée ; que de larmes et de sang ne faudrait-il pas encore pour en dissoudre le lien sacré ?

Je vous tends, monsieur, une main cordiale, et je vous envoie tous mes encouragements. Continuez à vous honorer en travaillant pour la justice ; et puisse la paix de l'Europe avoir pour garantie nouvelle, comme vous le souhaitez, l'union indestructible des pays latins !

L. TRARIEUX,

Sénateur.

UN DISCOURS APRÈS DINER

ANNIVERSAIRE DE SOLFÉRINO

Mon ami Raqueni m'a écrit : « Comme membre de notre ligue franco-italienne, vous deviez parler à notre éblouissant banquet de Solférino. Quelle a été la cause de votre silence? et qu'est-ce que vous vouliez nous dire? »

Je lui réponds : Les vers luisants, en plein jour, se dérobent. Après Ruiz Zorilla, après de Hérédia, après Trarieux, après Magnana, après Bardoux, ces ténors, j'ai dû et au plus tôt, coucher mon petit sifflet dans son étui; mais ce que je voulais dire, le voici :

Je bois à la Justice et à la Paix.

Qu'est-ce que la Justice? Qu'est-ce que la Paix? Qu'est-ce, au point de vue de cette assemblée, que la justice préparant et fondant la paix?

· C'est le décret du 22 mai 1790 de l'Assemblée nationale, instituant la nation, les mandataires non serviles de la nation, souverains du droit de guerre et de paix, sur la proposition du Roi.

Je bois à la Révolution française qui a remis à la nation, à la nation seule, le pouvoir de disposer de son propre sang.

Le décret du 22 mai 1790, dont jamais ne parlent Frédéric Passy, l'éloquent et honnête prédicateur de la paix et de l'arbitrage, ni mon savant ami Destrem, ce décret est, à mon sens, la clef de nos alliances helléno-latines et il ouvrira dans l'avenir les rapports pacifiques entre tous les peuples.

La question, tant discutée aujourd'hui, de paix et d'arbitrage entre nations, même latines, posée à Rome₂ posée à Madrid, résolue à Paris, il y a plus d'un siècle — je ne parle ici que de l'arbitrage systématique et pour toutes les difficultés de demain et d'après-demain, et non pas de cet arbitrage secondaire que ne méconnaît pas le Dahomey lui-même, cette question implique une condition préalable de développement de la démocratie, une solution libérale du dedans, une émancipation intérieure, le droit du sang national.

Les espérances et pourparlers d'arbitrage sont en raison directe de l'indépendance constitutionnelle et de l'opinion libre des nations. L'arbitrage est un fruit. L'arbre, c'est le décret du 22 mai 1790. Plantons, multiplions cet arbre.

Les réconciliateurs de l'Europe et du monde par l'arbitrage se prévalent de l'exemple de l'Amérique et du *grand dessein* d'Henri IV. On connaît le *pan-américanisme*, cette intrigue toute saxonne pour exploiter les Amériques Centrale et du Sud par l'Amérique du nord et reprendre à Christophe Colomb, au moyen de murailles douanières, sa découverte d'expansion européenne et latine. Quant au *grand dessein* (la politique extérieure d'Henri IV, dit Guizot, était beaucoup plus actuelle et plus pratique. Le vrai et seul caractère sérieux du *grand dessein*, c'était la politique française luttant contre la politique espagnole). M. Albert Sorel renchérit : « le *grand dessein* de Sully, dit-il, non de Henri IV, c'était la monarchie constitutionnelle de l'Europe attribuée à la France, une monarchie universelle. »

Mais j'honore et j'aime les esprits généreux qui prêchent la morale, l'évangile de la paix et de l'arbitrage. La lettre de Fénelon à Louis XIV, le grand roi vampire, que publia d'Alembert, est une admirable lettre, et l'olivier est un autre arbre utile, qui sera toujours utile, même chez les nations maîtresses. Les exemples éclatants ne manquent pas de nations souveraines, entraînées à la guerre, par la folie ou trompées.

Favorisons donc de tous nos efforts la propagation du décret du 22 mai 1790. Imbriani l'a réclamé, à la tribune de Rome, le 6 décembre 1889. Je bois à la fin, chez nos nations helléno-latines d'abord, dans le monde ensuite, à la fin du Byzantisme.

Et maintenant, je nommerai devant vous, et permettez-moi de saluer de notre respect commun les hommes qui, dans notre XIXe siècle, ont le plus agi pour la liberté humaine, pour la cause de notre défense immédiate et à l'abri des remparts de Romulus, pour l'intérêt d'une paix, corrélative et comme consubstantielle à une force qui l'impose et nous sauvegarde, et d'une union qui, étant une fin et un résultat de l'histoire, ouvre, à son tour, une ère de pacification universelle, conciliant, d'abord, l'Allemagne, une fille ingrate des Latins.

Le premier d'entre ces hommes, Garibaldi! Je salue Garibaldi. Il a un autre nom. Il personnifia et il s'appelle le peuple italien.

Un trait de cette figure gigantesque :

On vient lui dire à Caprera : « La France est envahie. Les Teutons saccagent la République française » et Garibaldi blessé au pied, vieux, qui marche péniblement en s'appuyant sur un bâton, Garibaldi quitte, en un éclair de temps, son île et le voilà à Marseille et le voilà à Tours. A Tours, il dit à Glais-Bizoin, l'un des membres de notre délégation, *avec cette simplicité et cette loyauté qui en font un homme à part*, ce sont les termes mêmes de Glais-Bizoin, il lui dit : « Je viens me battre pour la République. Je vous demande des armes et des hommes de bonne volonté. Mes souffrances ne comptent pour rien. Donnez-moi aujourd'hui même des armes et des soldats et je partirai demain. »

Garibaldi occupait, à la Préfecture de Tours, un modeste entre-sol donnant sur le jardin. La garde nationale et les francs tireurs vinrent, dans ce jardin, lui faire une ovation. Comme Garibaldi, à cause de sa blessure, était empêché de descendre, Crémieux et Glais-Bizoin durent à sa place passer en revue les braves gens, et, sur leur prière et en leur nom, ils allèrent donner l'accolade à Garibaldi, retenu debout sur le balcon.

Voilà l'homme tant adoré de notre peuple de France, à Marseille, à Tours, à Bordeaux, dans toute la Bourgogne, injurié à Bordeaux par la gent réactionnaire, lui que la guerre avait grièvement blessé, fixé par la souffrance sur ce petit balcon d'entre-sol, voilà l'homme qui se dévoua à la République française, et qui par son héroïsme mérita, uni à ses vaillants compagnons d'armes, de si belles pages dans notre histoire.

Un Dieu a-t-il accueilli ce héros dans son ciel? question ajournée; mais Garibaldi, qui commença et fleurit sa langue par les chansons de Bérenger et finit sa vie par sa campagne de France, est un élu et comme un prophète pour l'Italie et pour nous.

Ce grand Italien qui avec ses enfants vient combattre pour la France dans une guerre désespérée, il n'ouvre pas seulement une Iliade, il fonde, il consacre une politique et règle notre marche à la véritable horloge du temps; Mahomet de ce siècle qui s'est levé contre la violence, pour la paix et la fraternité.

Je salue encore le grand poète, le grand historien, plus grand politique, Lamartine. Que dit-il, à notre hôtel de ville, en 1848, aux Italiens venus pour le saluer, avant leur départ pour l'Italie, à Mazzini, mêlé à leur groupe?

« Dites bien à vos compatriotes que l'Italie a aussi des enfants de ce côté-ci des Alpes. » Et il offrait au général Pepe, qui le raconte dans ses mémoires, cent mille soldats français pour la délivrance italienne; et il réunissait au pied des Alpes une armée de soixante mille hommes, l'arme au bras, prête, au premier appel de l'Italie, à s'élancer contre l'Autrichien et notre Assemblée nationale s'associait avec enthousiasme par un vote unanime à la politique d'affranchissement italien de Lamartine.

Voilà l'aube de 1859. De ce lever de nos âmes a émergé le soleil de Solférino. La France, aux plaines de la Lombardie, accomplit la loi de son cœur et de ses traditions. Nous savons qu'un aventurier y figurait à la tête de notre armée pour se rédimer du siège de Rome et du 2 décembre.

Italiens, votre gouvernement de 1848 repoussa la main désintéressée de Lamartine, il dédaigna le secours de la liberté française. Votre gouvernement de 1859 sollicita, il fit bien, et il accepta le secours de notre despote. L'Italie s'est plainte de cet allié taciturne. Qu'elle ne mêle jamais la France à cette querelle.

Je salue Emilio Castelar, la grande voix de la péninsule ibérique et de l'Amérique du Sud.

Le même Glais-Bizon écrit : Je ne dois pas oublier les visites que me firent à Tours et à Bordeaux, Orense et Castelar, venant nous offrir les bras de leurs amis, mettant à notre disposition vingt-cinq mille Espagnols.

Vous savez qu'on a démontré le mouvement, en marchant ; je démontre l'alliance latine par l'alliance latine effective, par les sympathies, les efforts, les sacrifices, par le sang de nos nations se donnant l'une à l'autre. Robinson vit l'empreinte d'un pied d'homme sur le sable et il conclut, non sans trouble, mais il conclut : il y a des hommes ici. J'aperçois et je montre plus que des pas d'hommes ; je montre des dévouements, des flammes rayonnant, comme du casque de Minerve, sur nos contrées envahies ; j'entends le tambour de France et, le dirais-je ? le cor de Roland de Gambetta résonnant jusqu'en Espagne et en Italie, dans le cœur de leurs patriotes. Que concluait, devant ces faits, Robinson lui-même et, cette fois, sans rien expliquer par le Démon ? Qu'il y a des hommes dans les pays latins et que ces hommes sont une famille et une solidarité.

Eh ! quelle est cette parole d'en haut qui, il y a quelques jours, retentissait de Madrid, sillonnant comme d'un frisson l'Europe entière ? Castelar, de sa cime de Delphes, s'écriait devant un nombreux auditoire espagnol :

« Empereur d'Allemagne, grand chirurgien, fils d'Apollon, assez puissant pour guérir, en les brûlant, les plaies populaires, c'est vous-même par vos armements, qui déchaînez la misère ; vous-mêmes qui forgez la guerre. De même que l'Autriche rendit la Lombardie et la Vénétie à l'Italie, que la Turquie restitua Athènes à la Grèce, Belgrade à la Serbie, Bucharest aux Roumains, rendez, rendez l'Alsace et la Lorraine à la France. »

J'ajoute, en criant assez pour être entendu dans un espace où commande l'éloquence de Castelar : « Autriche, rendez, rendez à l'Italie le Trentin et son golfe de Venise. »

Et enfin, je salue le puissant politique, l'ardent patriote, qui est ici même à ce banquet, Ruiz Zorrilla. Ce grand semeur du droit est toujours présent dans nos réunions patriotiques. Il y sème son âme et les bons grains de ses conseils. Il aime la France. Nous sommes fiers de le posséder. Récemment, dans une autre assemblée que présidait le sénateur Trarieux, — ce Girondin qui nous a fait si vite oublier en lui l'avocat éminent du barreau de Bordeaux par le grand orateur politique et populaire qu'il est, — Ruiz Zorilla nous disait.... Oh! que je voudrais, cher monsieur Zorilla, reproduire en ce moment la sincérité chaude et la profondeur de votre accent! Quelles énergies insinuent donc à votre péninsule, les grandes eaux marines qui l'enlacent et la réchauffent comme en un berceau, sa tête couchée du côté de la France! Ruiz Zorilla nous disait : J'ai gouverné l'Espagne, je peux la gouverner encore. Si je redevenais son ministre à un moment où la France et l'Allemagne seraient aux prises, je conseillerais à l'Espagne : Va au secours de la France. Tes libertés ne survivraient pas à sa ruine.

En saluant les noms qui en sont la plus éclatante image, j'ai salué les grandes nations latines. La reconnaissance, le culte et une éternelle piété veulent que nous saluions leur grande ancêtre, l'Ève de toutes nos civilisations, l'artiste philosophe de cette admirable généralisation des Dieux, qui a engendré la généralisation divine plus vaste du moyen âge, laquelle a suscité et servit la généralisation plus vaste encore de nos lois naturelles modernes. Saluons la Grèce, l'initiatrice de la liberté, de la patrie, du beau, de la science. Comme Prométhée, elle donna le feu et la lumière à l'homme, et comme Prométhée, elle a été rongée par le vautour, le vautour de la barbarie. Dans ce siècle, elle a combattu pour son indépendance comme Thémistocle, comme Miltiade, comme Léonidas. La terre entière, surtout la terre française, rugirent et s'armèrent contre ses oppresseurs; et la Grèce, en 1870, s'est souvenue de Navarin et de l'expédition de Morée, elle courut au secours de la France. Plus de deux cents Grecs périrent sous le feu prussien. Quinze cents Grecs affrontèrent nos périls sur divers champs de bataille. Douze cents autres, qui se disposaient à les rejoindre, ne purent dépasser le rivage hellénique, barré par nos ennemis.

Donc, à la Justice et à la Paix ! à la confédération helléno-latine, trop subtile et parsemée dans les programmes mal définis de l'*Union lombarde*, et de M. Bonghi !

Avant Magenta et Solférino, on parlait moins d'arbitrage en Italie qu'on n'en a parlé dans ces dernières années. Cavour ne l'eût pas souffert et bien d'autres. De quelles colères patriotiques il traitait la résistance absolue de l'Angleterre, en 1859, à toute guerre et la proposition d'un congrès européen par la Russie ! et, en 1860, ministre ou non ministre, de quelle repulsion il éloignait tous congrès et arbitrages, conciliateurs et rebouteurs !

Buvons surtout à la fin de nos misérables et stériles divisions latines? L'*Union lombarde*, sur la proposition de l'éminent Moneta, offrit, en 1888, un prix au meilleur mémoire touchant la question de paix et d'arbitrage entre nations. Parmi les concurrents, un Anglais, sans doute par amour du Nil, conclut à la paix fondée sur la ruine de la race latine. Sous le Directoire, un Parisien, Albert, quai d'Orsay, offrit des bains médicinaux aux cerveaux qu'avait dérangés la Révolution française. Cet Albert n'était pas bête comme un Anglais, et puisque nous aussi, nous avons nos troubles d'esprit, je recommande les petits-fils d'Albert à l'Union lombarde.

La désunion latine a été le pont par où Anglais et Allemands ont descendu pour leur maraudage en Afrique. Grands politiques, montez au Capitole.

L'Afrique ! l'Afrique ! Helléno-Latins, pensez-y ! vous avez une Amérique. Vous entendrez-vous pour posséder sur le continent noir, qui est à vos portes, au moins cette moitié? les races, qui exploitèrent les nègres esclaves, s'avancent, à pas et à cœur de loup, en Afrique !

Quelques mots encore et j'ai fini. Un vieux poète espagnol, auteur de comédies, Torres Naharro, composa l'une d'elles, la *Serafina*, en quatre langues, le latin, l'italien, l'espagnol et le limousin. Je considère un peu ce polyglotte comme un précurseur et, quoique nous soyons à table, nous pouvons, je crois, le prendre, sans risque de *confusion* dispersive, en exemple. La composition de la *Serafina* en ces langues est le signe d'une tradition latine bien ancienne, dépassant les langues elles-mêmes. C'est cette tradition, cette communauté — qu'il convient aujourd'hui de reconnaître, de systématiser et de défendre. Aujourd'hui, nous ne pouvons pas être grands sous les formes et par les unités nationales d'autrefois. Nos royalistes se trompent de toute l'étendue d'un *soleil*, quand ils nous promettent une France sous la figure d'un Louis XIV. Le Napoléon des bonapartistes est chimérique, un simple berceau d'osier pour quelque prétendant. La Convention elle-même, se ruant sur l'Europe, est un mirage de républicains catéchumènes. Charles-Quint est un rêve, Rome, une légende ; Rome *temporelle* sous la garde de la *Fille aînée*, n'est qu'une dent de serpent fossile mêlée au jeu des vieux pêcheurs de la Presse officielle, en Italie ; l'Hellénisme est une poussière d'Olympie ; Bucharest, une médaille de Trajan. Unissons-nous donc, nous les Helléno-Latins, non pour l'orgueil et l'avarice, mais pour la vie, pour la grandeur qui ne soit pas un défi à la justice, et pour tous nos développements de nature, d'industrie, comme de droit. Les grandes forces européennes nouvelles, qui se sont constituées, nous menacent, désunis ; elles nous respecteront, nous redouteront dans notre unité fédérale.

(L'Époque, 9 juillet 1890.)

E. S^t. B. M.

IMPRIMERIE CENTRALE DES CHEMINS DE FER. — IMPRIMERIE CHAIX.
RUE BERGÈRE, 20, PARIS. — 19284-9-90.